JN411647

시시한 시
　시시한 시님하

시시한 시
시시한 시님하

최병준 여섯 번째 시집

한국문화사

■ 책 앞에

여섯 번째 시집인데 흔한 말로 부끄럽다.
그 누구 있어 이 시들을 읽어줄까, 모두 시시한 시인데

시간은 기어가고 세월은 날아간다는데, 난 어디쯤 자리하고 있을까

"내용은 압축하여 단순하게, 형태는 응축하여 간결하게" 내 시의 입론이다.
잘 안 되지만 열심히 할 수밖에

숙명이라고 생각한다.

내 아내마저도 시집 출간을 무척이나 꺼려하였음을 부기한다.

2016년 가을

■ 차 례

제1부 부끄러운 삶

제2부 순종하는 삶

제3부 어머니의 삶

제4부 백서산조

제5부 헌사별곡

제1부

부끄러운 삶

여행

찌든 몸과 맘
날리려 놓아버리려 떨어버리려 내려놓으려

떠난다.

서운했던 거, 욕심냈던 거, 미워했던 거, 죄지은 거
잊으려고
잊어버릴려고

떠난다.

풍욕하려고
개운하려고

떠난다.

날 없앨려고
떠난다.
>

하여,

날

다시 개킬 수만 있다면

또 떠날거다.

(계간『한국시학』 제35호)

갯돌의 노래

언제부턴가

작아지고 싶어라
사그락

더 작아지고 싶어라
사그라라락

언제부턴가

커지고 싶어라
사그락

더 커지고 싶어라
사그라라락

무한의 공간
태초의 음향
>

파아란 물
까아만 돌

사그락
사그라라락

일체
조화

자연.

갯돌·보길도 예송리 등 해변의 검은 조약돌
(『펜문학』, 2007, 겨울호)

섬에 관한 이야기

1

섬은 외롭지 않다
섬은 섬처럼 외롭지 않다.

섬은 엄마품이다.
섬은 그리움의 대상이다.

섬은 떨어져나간, 버림받은, 밖에 있는 곳이 아니다
섬은 원래가 그렇게 조용히 있는 것이다.

절대 자유의지다.

2

섬은 바쁘다. 포옹하느라 몹시 바쁘나 결코 서두르지 않는다.
의연하다.
폭풍이 몰아쳐도 할 일만 소리 없이, 소리 없이 할 일을 할 뿐이다.
>

섬.
섬은 오늘도

파도를 잠재우고
구름을 쉬게 하고
온갖 물고기, 물풀, 푸새, 나무, 새 들을 품고, 기르고, 보듬었다.

3

섬은 엄마품
가서
쉬고 싶고 안기고 싶은 곳.

싶을 땐
주저 없이 그리로 가라.

언제나 말이 없는 섬
몸으로만 말하는 섬.

4

섬은
그냥
떠있는 게 아니다.

섬은
하늘과 땅과 물과 늘 호흡하고
뜨거운 삶을
조용히
삭이고 있는 것이다.

섬에 들어가면
언제나
섬은 없다.

공존

문은 늘
열려 있어야

바람이 통하고
인심이 오가고
문화가 흐르고

은하가 쏟아지지.

성
막혀 있어야

나를 지키고
가족을 끌어안고
인류를 보듬고

역사를 품지.

문은 물

성은 산

언제나 공생하고 있지.

고백

시시한 시
시시한 시님하!

ㅇ

예
맞습니다.
시가 옷이 되진 않습니다
시가 밥이 되진 않습니다
시가 집이 되진 않습니다.
또한

시는 돈이 아닙니다
시는 권력이 아닙니다
시는 명예가 아닙니다.

그래서

시는 시시하다고 합니다
시시한 사람이
시시하게 짓는다는 게

>
시랍니다.

그러나
시는

분함과 슬픔
미움과 욕심을 잠재웁니다.

기쁨과 즐거움과 사랑
사랑을 길러내는
마음의 밭입니다.

시 속엔
예의와 염치를
자아내는
힘이 있습니다.

하여

오늘도

못 가졌어도 시인은
힘 없어도 시인은

구석방에서라도
시인은

별빛을 모두우며
까아만 밤
조용한 말씀에 귀를 댑니다.

이슬방울
영롱함
순수에 눈물 흘립니다.

모가지 드리웁니다 시에
몸 태웁니다 사랑에
>

숙명입니다.

○

"시시한 시
시시한 일
시시한 사람"

분노여

돈이
사무실·차·트렁크·안방·베란다 등에 넘치고 있다.

007가방엔 1억 원
골프백엔 1억 2천만 원
사과상자와 골프채 가방에는 2억 원 가량

들어간단다.

장롱·서재·화장대 서랍
열기만 하면
돈과 상품권 등이

쏟아져 나온단다.

서민들의 들끓는 분노

가슴으로
가슴 아래로만

갈앉는 분노

눈물의 분노여!

활화산으로는
영
터지지 못하는

이 아픈
분노여

억울한 분노.

이름에 대하여

꽃들에게 각각 개별 이름 붙인다.
사람들에게 각각 개별 이름 붙인다.

비탈에 피어 있는 저 꽃 할미꽃
옥에 있는 저 사람 춘향이

그냥 꽃일 때
그 꽃이라는 말이 주는 상상
하늘을 날고

그냥 사람일 때
그 사람이라는 말의 생명성은
헤아릴 길이 없고

할미꽃이라 이름할 때는 할미꽃 언저리에서만
성춘향이라 이름할 때는 성춘향 언저리에서만
모든 생각은
맴돌고 맴돈다.
>

이름이 없을 때와 이름이 있을 때
거린
백 리보다 멀다.

상상, 생명성
제 각각이고

한 쪽은 너무 넓고
한 쪽은 아주 답답하다.

또다시 테레사 수녀

솔직히 말합니다.

얼마간 당신을
잊고 있었습니다.

잘못했습니다.

몹시
부끄럽습니다.

○

"사랑을 베푸세요"
나환자의 손에 입맞추는 그녀

"작은 일들을 큰 사랑으로"
곪은 상처에서 구더기를 빼내는 당신

수녀복 두 벌뿐인
빈자의 성녀
>

복자의 반열에서
또다시
성인의 반열에 시성된 당신

테레사 수녀, 머더 테레사

이제
미워할 수도
두려워할 수도

너무 먼 거리
너무 높은 자리
○
이 참담
닿을 수 없는

땅에 엎디어
떨고 있다.

이상기후

자판기에 동전 넣고
커피 나오기까지

승차패스 계기에 댄 후
탑승하기까지

긴 시간은
늘
불안하다.

1994년
성수대교 붕괴사곤

하늘이 땅이 바다가
자칫
무너지거나 꺼지거나 솟구칠 수 있다는 걸

보여준
슬픈

현실이 아닌가

하여 불안하다.

역사가
오염되고 정지되는
순환의 고리에서

32명 사망, 17명 부상
22년 전 그때
언제나
오늘이다.

과거 단절
현재 부재
미래 불확실하대서

툭
꺾어져 내리는 성수다리

언제 어디서나
진행중이라서

하여
초조하다.

오늘은
자판기 커피에게 수다를 걸어서라도

인생이란 하루
숙제를
정리해야겠다.

어쩌나 어쩌나 하지 말고
모든 게
이상기후라고

하나님 전 상서

전쟁이 휩쓸고 간 자리
교실에서
우리 자식들에겐

가난만은
물려주지 말자고

울먹일 땐

배가 고프고
참
추웠습니다.

수 없이
거짓말 헛소리로
강의를 때울 때면

뒤통수만 쓸었습니다.
벽이 부끄러워

>
몇 사람의 스승이 아닌
인류의 스승

만대에 통하는

자유도 자유일 때 자유라는 거
퍼뜩
사람을 일깨워 준 사람이길

왜
안 원하였겠습니까

참답고
훌륭한 스승 되길
빌고

또
빌었습니다만,

>
선생이라는
직업을
그나마 가졌었다는 게

"목구멍을 위해 다행이었다."라고 한 적이 있는데

다행이었다는 말이
퍽이나 무척이나
부끄럽습니다.

다 아시는 하나님이시기에
깜깜한 이 밤에
갑갑한 맘

억울한 가슴
아뢰어 봅니다.

천국론

손을 비워야만
천국에 든다.

아멘
아멘

있는
힘센
뭐 대단한 자들만

재주껏
천당에 간단다.

아니다
아니다

아멘
아니다.
>

좁혀지지 않는
이 엄청난
간극, 거리

통곡하는
시대여

양심이여.

조문

죽은 자와 산 자가 공존하고 있다
긴 사각의 방

빈소는
또 하나의 큰 관

어둠
납덩이로 갈앉고

촛불이 일렁거려
이승과 저승

마냥 흔들리고 있다.

묵념
영정에 국화 한 송이

짧은
긴 침묵

>

피곤한 상주와
몇 마디
허공에 주억거렸다.

명복
명복을 빌다가

죽음은 통과의례
되뇌이면서

나오는데 빈소에서
자꾸
걸음이 헛짚어졌다.

조문
통과의례처럼 다녀왔다.

(계간『한국시학』 제35호)

불이(不二)

둘이 아니여
하나여

둘도 아니여
하나여

둘은
더욱 아니여.

종교로 타오르는
이 섭리

선
악

자연
인간

상생의 원리여.

제2부

순종하는 삶

일상

얼마 전까지도

버스나 전철
타면

자릴
양보하는 일

큰
걱정이었다.

좀 지난 후부터

차에
오르면

누가
자릴
>

내줄까
불안하다.

세월이
이제

이렇게
가는 걸

남의 일처럼
그림 보듯

허허롭다.

허허로운걸
실감한다.

(『월간문학』 2008년 5월호)

혼자 걷는다

뛰면
겉만 보게 되고
지나치는 것이 많다.

대신
천천히 걷는다.

걸으면서
많은 거
찬찬히 보고
생각하고

작은 거
하찮은 거라도
눈에 담는다.

모든 걸
잠재우는
이 여유

>
잴 수 없는
커단 환희다.

오늘

지는 게 이기는 거라는 속담이
선수나 감독에게는
어떤 의미로 영향할까를

넌 안 되고
저건 안 되고 하는
배제의 사회는

이타와 공생하곤
얼마나
먼 거리일까를

걸으면서

궁리하다

맛있게
한나절
주머니에 넣었다.

항변

너무
몰아세우질 말어

계집아이의 짧은 치마
한눈 팔다
넘어졌다고

물팍이 깨졌다고
○
주책 없는
늙은이라고

그리
비아냥거리기만

하는 게 아녀

순명

무릎이
아프고

걷기가 꽤
불편하다.

이젠
제발

나대지 말고
조신하라는 뜻

너무 늦게
알았다.

순명

일찍 좀
알았어야
깨쳤어야.

병상일기

입원
2014년 7월 14일

진단
퇴행성

수술
두 무릎 인공관절

병상, 통증의 바다.

식은 땀
미궁 속

환영
잠자리, 하늘 나라

비상
상쾌한 유영

>
추락
긴 시간

돌이킬 수 없는 역사.

말씀
밉지도 곱지도 않은 회진 의사

이젠 왕.

어느 하루, 종일토록 목욕이나 했으면 좋겠다 언감생심.

(『Pen Poem』 2호 2014.11)

구강암

구강암이란다.

원인이야
뻔한 게 아니냐

그간
얼마나

거짓말 빈말 헛말 막말 허언 망언 실언 폭언 교언을

무서움 없이
거리낌 없이 해댔느냐

벌
자업자득이지

이젠
입안마저 헹구기가
>

아주
부끄럽다.

터널

구강암
방사선 치료

살아온 길에서
살아갈 날로

가고 있다
지금

갇힌 동굴
출구 없는 동굴이 아니다

터널엔 언제건
출구가 있는 법

잔잔한 마음으로
그냥
오늘을 헤아린다
>

원래가
미치도록이거나
죽을 것처럼이거나

영원히라는 말
거리가 멀었다

순하게
구정물 토해 내는 마음으로

한 5분 정도면
치료
종료의 벨

터널
참
긴 시간여행이다

내일엔

사랑한다는 말과
동행할 예정이다

몇 번이나
이 터널

통과해야 하나

깜깜한 날

아내

췌장 물혹수술
2011년 11월 14일

오전 7시 55분
수술실로 밀려가고

출입제한이다.

난

보호자 대기실
먼 거리를 생각하며

눈 감다.

정지된 시간
초조
>

혼미, 벽, 절망
희망
까만 점 크게 작게
점멸

이승, 저승, 천당, 지옥
수없이
왕래

오후 2시 17분
수술실 문 열리고

아내
홑이불에 덮여 나오다.

"보호자 분 수술 잘 됐습니다."
한 마디 의사의 말

환청인가 사실인가

>

정정거리고
아내의 뒤를 따르며
“감사합니다 감사합니다 감사합니다.”

기뻐하고 기도한 건
얼마 후의 일이다.

소요시간 6시간 22분
짧은 시간인가 긴 시간인가

입술이 부르텄나보다.

(『펜문학』 2012, 1·2월호)

그 이후

아내 췌장수술

이후
늘 긴장의 끈이다.

어쩌다

한밤중
고른 숨소리

새벽녘
마알간 얼굴은

영원
사랑을 꿈꾸게 하다가

그가
피로해 보일 땐

>
숨이 막히고
마냥 징징대다가

털썩 주저 앉기
한 두 번이 아니다.

치유할 방법
도무지 모르고

어찌 할 바
하나도 모른다.

언제나
깜깜한 밤이다.

허나
먼 별은
>

결코
아니다 아니다 아니다.

고백 변주

아내
수술 후
감사라는 걸 알았습니다.

새벽
눈 뜨자마자
아내를 몰래 들여다 보는 게

일과의
시작입니다.

곤히 잠든
생명의 숨소리

행복이
가슴 가득
뽀얗게 밀려옵니다.

삶이란 이런 건데

>

왜

난

이제껏

몰랐었을까요

새삼

작심하였습니다.

사랑할 거라고

설거지도 하고

순종할 거라고

별의 노랠

같이 들을 거라고

아내에게

여태까지
늘
미안했다.

지금도
늘
미안하다.

앞으로도
늘
미안하기만 할 거 같다.

늘
일방이었다.

사랑이란 말
감사라는 말

그 흔한

여보라는 말

전혀, 입에
담지 않았다.

그냥 살았다.

모두
그렇게 사는 줄 알았다.

○

그게, 모두의
삶인 줄 알았습니다.

고백합니다.

그래도
그게
사랑인 줄 알았습니다.

거리

했던 말

똑 같은 의도와 감각
꼭 같은 감정과 어조로

매번,
자주 되풀이하는
아내

"전에도 그말 들었소"

가끔,
정말 그를 위해
한 마디 하면

같이 살면서

말도 못 하게 하기냐
그럼

벙어리가 되란 말이냐면서

시무룩하다
뿌루퉁하다간
한숨까지 내쉬면서

눈물까지
보일 땐

턱
숨이 막혔다.

내 뜻은
그게 아닌데
아닌데아닌데아닌데아닌데

알았습니다.
그게 아니란 말여
>

평행선
사랑하는 방법도

손주놈들

왜 이리 귀엽단 말인가

하!

해명

친손주놈
“솔이”를 소재로
시 한 편 썼는데

외손주놈
“상민”이

“내 시는 왜 없어”
제 어미에게 묻더라나

당혹했지

혹
그 녀석이

거리란 걸
생각했나

이 녀석아

그건 아니지

아니구 말구

친손 외손이
어디 있어

다
예쁜 강아지들이지

이 할애비의
보석이지
금동이지

어찌다
그렇게 되었지

참
참 미안하구나.

제3부

어머니의 삶

가을에

1

탈진한 여름
서서히 별리를 고한다.

산이 허름해지기 시작하면
가을.

옷깃을 여미고
두 손을 모은다.

기도.

2

창문 열고
먼 산 보는 여유가

가난하더라도
소박한 삶이

>
내 주소이길

말 없이
먼저 간 친우

아프고
고달픈 이웃에

위로의 긴 편지가

모쪼록
엄마의 체온으로 전해지길

3
까아만 밤하늘
빛나는 별이
>

오직
너의 눈

세상 지키는
마중물

시원한 바람
청량제라도

되었으면

4

열매를 봅니다.

너도 나도
똑같은
하나의 생명
>

그 절대원리
뼈저리게 깨닫고

무서워 떨고 있습니다.

자연 대 인간이 아닌
자연과 인간

그 오묘한 진리 앞에

실감을 넘어 기색하게 됩니다.

5

고집대로
살지 않겠습니다.

물처럼
받아들이겠습니다.

>

주시는대로
따뜻하게 살겠습니다.

이 가을에

염원

잔잔한
침묵의 기도

감미로운
짧은 찬송에서

따듯한
당신 체온이
안개

안개처럼
내리는 날엔

찰나가 백년이고
천년이 순간이길

눈 감고
빌고 있다.

은혜
이 거룩한 성령

어느 날의 꿈

-고향에서-

빈 마음으로
빈 집을 끌어 안으며
떨리는 마음으로
시간의 거미줄 당기고 있다.

이런 생각

세월
강물이고

세월
바람인데

자
이제

한 일
말고

할 일을
생각해야지

인생
삶

너무

긴 건지

짧은 건지

세월

유년엔
하루가 빠르다가

한 달이 좀 늦게 가고

한 해는
아주 지루했다.

노년에 드니
하루하루가 더디더니

한 달이 좀 빨리 가더니

한 해가
깜박할 사이니.

길다면 길고
짧다면 짧은
>

이
여정

시간이 날아가고
세월이 기어가든

시간이 기어가고
세월이 날아가든.

꿈동산, 어제
황혼녘, 이제

순명이다.

노년은 먼 곳에 있는 것이
아니라
지척에 있는 걸.

어머니의 초상

점점
아슴푸레해지는 기억
모아모아

아슴아슴한 초상이나마
앞에 두어
모시고 싶은 마음

오래오래
ㅇ
동그스럼한 얼굴이셨지
온화
우유빛 하얀 피부에선
단맛이 났어.

가르마 반듯 쪽진 머리에선
아주까리 기름 냄새

풋풋했어

>
흩어진 머리카락
없었지 한 올도
함함했어 언제나.

유별히
두툼한 귓밥
복귀라고
부러워들 했지.

조붓한 어깨는
안기고 싶은
조선여인의 영원한 표상

자르르 흘러
참한 걸음새와 조응할 땐

나비
잔잔한 물결 이루었지.

ㅇ

나직한 말소리
젖내음 솔솔한 아가 향 냄새

날 키운
샘물이었지.

차려 입으신 흰 두루마기
옥양목 치마 저고리에선

새하얗다 못해
옥색까지 돌았는데

백자 항아리였어
세상을 긴장시키지 않았나 싶어.

다듬이 소린
울을 넘어 하늘로

>
평안을 실어
날아 올랐고

사각거리는 이불잇 소리
보송보송한 잠자리

영원한 그리움으로 남아 있다.

○

자태는 그리고
말씀은 담고
향기는 품고
습관은 익히고

살아 있는
상큼한
어머니의 초상

이 한 장의 화폭에

애틋한 마음 담아서
한 천 년

두고두고
그려야지.

눈물

"부르는 것만으로도 눈물이 나는 이름 하나가 있습니다.
내 마음이 머무는 이름 하나 엄마"라는
어느 시인의 글 읽고

가슴이
꽉
막히고 뻐근하고

한동안
숨이

숨이
멎었었다.

눈물

눈물이 흐른 거를
나중에야 알았다.

참말이 아니면 거짓말이지

눈물의 왕이 아니라
어리석은 왕입니다.

단세포인 난

지금도
어머니의 깊은 속 말씀에
허둥대고 있습니다.

1
변변한 내의 한 벌
제대로
갖춰 입지 못하고서도

그렇게 삼동을
나시면서도

춥지 않다는

2

식전에
물만 몇 모금
마시신 걸

뻔히
아는데도

밥상,
진지 잡수세요를

먼저 먹었다
좀 있다 먹겠다
난 지금 배부르다로

고기 몇 점
생선 한두 토막은

누린내 비린내가 나

싫다고 일축하시는
전연, 수저를 대시지 않는
어머니의 심사는

새끼들 숟가락에
환하게
웃음을 담는 속내는

3
궁궐
좋다는 얘길 듣긴 들었지만
아무래도

땀냄새 배인
내 집이
>

제일이라는

4
쌀 서말 머리에 이고
십리 5 일장
다녀 와서도

복 중, 콩밭
땀으로 온 몸
멱감 듯 했는데도

언제나 즐겁게
하루를
마감하시는

5
신화인가
>

춥지 않고
덥지 않고
고프지 않고
힘들지 않고

모두가 괜찮다는 어머니
신화를 쓰고 계시는 어머닌

오늘도
바지랑대 높이 세우고

파란 하늘에
"지는 게 이기는 거"라는 말씀

기도하듯
걸고 계신다.

행복일기

집에서 어머니 무덤까진 한 시간 내외다
우선
참
마음이 가벼워 완전 좋다.

어머닌 늘 거기 계시고
난
무시로 가
뵐 수 있고

오늘
풀 옔게 먹인 이불잇
정성스레
갈아드렸더니

사각거리는
맛 있는 소리에
잠
깊이 잘거라고 말씀하시면서

>
쌍둥이 증손 자랑
골짜기를
메운다.

다음 달엔
늘
좋아하시던

이팝나무

맑고 이쁜 소복의 꽃
하얀 쌀이 욕심 없이 열리는

머슴에게도
쌀밥 고봉 주셔야만
마음 편하시다는

속살 깊이

속뜻 떠받드는

엄마 나무

손주 증손
두레두레
모두 모여

옛날 그 옛날을
손 모두어
무덤 옆에
심어야겠다.

원왕생
어머니

원왕생을 빌면서

자화상

-세모에 부쳐-

왜 이제야
알게 된 걸까

한 밤 자면 일주일
한 밤 자고 나면 한 달이

또 하룻밤 지나면
한 해가 가는 걸.

왜 이제야
알게 된 걸까

삶

생로병사
구질구질
아옹다옹

뭐 그리

부끄러움이 아니라는 걸.

왜 이제야
알게 된 걸까

하늘도 땅도
가끔은
무너지고 꺼지는 거

순리에
순응을 배워야 한다는 걸.

사람이 다
인생을
그렇게들 살고

깨진 그릇 맞춰가며
늘 바람 부는
길 위에 서 있다는 걸

>

칠십이 넘은
지금에야 지금에야

알 것 같다.

아! 슬픈
무지

자화상 속 자화상.

(『계절문학』 12호)

회상

"회원님들
그렇게도 야단법석이던
새천년의 한 해도 저물어 가는군

얘기 나눌 새도 없이

흘러간 세월은
접고서
얼굴 좀 봅시다.

막걸리도
쭈으우욱

대, 2000년 12월 19일(화)
곳, 고향집
2000.12.8.
회장"

어쩌다, 우연히 책갈피에서 구겨진 엽서를 발견하였다.

숨이 멎는
몇 초간의 정적

ㅇ

그 때
엽서 한 장은 힘이었지.

마음,
좀 설레게 하였지.

안부 묻고
담소하다

헤어질 땐
눈가
왜 젖었는지 몰라

그땐
그래도

생기라는 거
두어 근은

남았었지 않았나 아마

ㅇ

소식, 왕래 뜸한
지금
너무 조용하지.

병문안
조문이
자꾸 늘어

작은 바람

-진우회(眞友會)에 부쳐-

육십여 년 넘게
사귄 친구들

하나는 가고
하나는 부실해서

이제,
다섯 명이 모인다.

거대 담론 없다
무언
묵언

눈인사로 족하다.

아직도
가슴엔
파란 하늘을 간직한

>
거래를 모르는
셈할 줄 모르는
순한 멍텅구리.

헤어지기 싫어
옆집으로 자릴 옮겨

또 한번,
개운한 삶이 길 바란다.

다음
만남에도

그저
수가 줄지 않기를

서로에게 빌며

근황

있었다.

젖내음에 젖어
귀여움 받던 때

파아란 하늘 아래
마냥 즐거웠던 때

커단 꿈
힘찬 발걸음할 때

검정
군작업복 걸쳤던 때도

밤새 불 밝히며
고뇌하던 때도

뜨거움에 떨며
환희의 열매 따던 때도

>
열변 토하며
논쟁하던 때도

후회의 밀물에
몸이 흠씬 젖던 때도

있었다
있었다.

○

정년을 정년퇴임한
지금은
정년 청년

나이 팔십 언저리

새 날
새 길
시작한다.

>
차분하고
단순하게
삶을 살면

그뿐이다.

한 발 한 발
늘
새벽을 맞는다.

살 날이
살 길이
얼마나 남았나

셈하는 건
욕심이다.

순리를 거역하는 거다.

시시한 시
시시한 시님하

>

오늘도 고맙다.

하루하루를

개운하게 살길

열심히 기도한다.

(『자유문학』 제26권2호, 100호 기념)

이런 날엔

나이 좀 먹었다고
조금도,

자랑한 적
한 번도 없는데

못 들은 체
못 본 양
모르는 척 하라니,

이런 날엔
그저

강가나
산자락
거닐거나

눈감고 멀리 보는
귀막고 깊이 듣는

연습이거나

할 말 많아
짧은 글이나
생각해 본다.

순응
순리
순명을

외워보며,

반성문
어눌하게
땀 흘리며
쓴다.

넉넉하게 하소서.

(『월간문학』 2009.12월호)

제4부

백서산조

몸에 관한 백서
마음에 관한 백서
출입에 관한 백서
기억에 관한 백서
1. 사랑
2. 혼란
3. 고자질
4. 철학
5. 선생질
6. 우산
시간과 세월에 관한 백서
성에 관한 백서
죽음에 관한 백서

지금, 난 점점 가벼워지고 작아지고, 철저히 해체되는 희열에 온 몸 멱감고 있다.

몸에 관한 백서

내 몸을 내가 감당하기 어려울 때가 있소 점점
건강을 주신 부모님께 죄가 되고 말았소

키가 줄더니
몸무게 빠지고 있는 중이오

백내장으로 수술한 눈이
가는귀 정돈 크게 걱정거린 아니라고
귀에 대고 속삭이고 있소

혀에 암이란 진단
암흑이고 혼란

일체
정지고 나락인데

실소하고 말았소
참
근사하게 실소

>

무릎

퇴행성 관절

수술 후

정상이오

○

어젠

위대한 작심을 하였소

아내 자식들에겐

친우 지인 몇몇에겐

면목 없고

미안한 일이지만

모든 거

그대로

품고

동행하기로

순종하기로 하였소

평온하오
먼 기억이 스쳐 지나가오

소학교 시절
달리기
씨름
　　ㅇ
지금 난
팔십인데

그래도
삼가고 가려서

몸 주신대로
보고
듣고
말하려 하오

>

천방지축
나대지 않고

진데를 피하려 하오

마음에 관한 백서

근래

전처럼
떠들어대거나
크게 웃거나
깊게 슬프거나

드물지요
거의
없습니다.

안으로
안으로만
잦아들고 있나 봅니다.

하긴
지난 일들이
모두
자꾸

부끄러워

늘 땀이 납니다.
불면의 밤

근데
어제 오후엔

꽤 많은 그림
마음에
그렸습니다.

원추리와 봄과 누이
구절초와 가을

아동들 하교 후
오후의 빈교실
그 적막과

>
여선생님
풍금소리와

천 년의 평온이
이렇게
올 줄

아무 것도
바리지 않은 무욕

이 절대의 욕심이

이렇게 큰 줄은
정말
몰랐습니다.

아궁이에
불을 지피며

엄마와 나는 따뜻한 얘기

언제나
살아 있는 줄

이제야
알았습니다.

출입에 관한 백서

그래도 출(出)과 입(入)
출입이 있는 이승이오

한 달에 두어 번 출입이오
많고 적고는 아무 상관 없는 일이오

아내에게
"다녀 오리다
다녀 왔소"
인사는 간단하오

승용차는 부담
대중교통은
좀 불편하오

딱히
오라는 곳이나 갈 곳이나

떡이나

오라는 사람 보고픈 사람

있기는 있는 건지
가끔
의문이 들기는 하오

출입의 일이 끝나면
몰려드는 피곤
몸은 파김치가 되오

그래도 이승엔
출입이 있어
참
"다행이다" 하다가

문득

"다녀 오겠습니다 다녀 왔습니다"
수인사가

없는 곳 필요가 없는 곳
저승을

가볍게 떠올리다
잠시
혼미하였소

이승에서 저승
출입이 없는
출타 뿐인 이 일방통행

영원한 외출인데

수인사 할 수 없는
대신
무슨 말을 해야 하나

원왕생인데
원왕생인데

기억에 관한 백서

널빤지에서 녹슨 쇠못을 뽑듯 기억의 창고에서
희미한 몇 가지 추려본다.

1. 사랑

아주 어렸을 때
사촌 동생이
하도 귀여워

손가락 입에 물고
빨다가 깨물었다

아가는 자지러지게 울고
넋이 나간
난

20년 쯤 후에야
사랑이란

물고 빠는 거라는 걸

늦게서야 알았다.

2. 혼란

국민학교 1학년 담임은
여선생님이셨고

같은 반
선생님의 여동생
무척이나 예뻐

그 아이를 보면
아래가 뜨듯해지고

얼굴을 파묻다
줄행랑을 쳤는데

>
그 아이가 아내를
아내가 그 아이를
누가 누굴 닮았는지

지금도
통 모르겠다

필름에 오버랩되는 두 얼굴
모두가 인연이라 생각했다.

3. 고자질

제일 확실한 기억 하나
국민학교 4학년 때의 일

칠판에 낙서한 자를 찾느라
선생님, 전 학생들에게

"두 팔 들고 서 있어"
불호령 내리셨다

팔도 아프고 억울해서
잘난 체 말씀 드렸는데

그게 고자질이란 걸
곧바로 알게 되었다

피가 나도록
회초리 맞은 친구에게
어눌하게
용서를 빌었으나

부질없는 일

그때부터
부끄러움과 뉘우침이
>

갈피를 못잡게 했다.

4. 철학

6·25 전쟁통
열병을 앓았다

학교에 갔더니
전염병쟁이라고
모두들 피했다

혼자 책상에 엎디어
무척
울었던 기억이 있다

그 외로움은
살을 파고 들었다.

5. 선생질

말이 씨가 된다는 말

졸업할 무렵
장난이 심한 나에게

화가
몹시 나신 선생님
"넌 나중에 선생질이나 해 처먹어라"

그 한 말씀이

날
47년간이나 붙들어 매었나.

6. 우산

얼마나 부자면
우산을 쓰나

우산, 가져본 적이 없다

비오면
회포대로
고깔모자면 족했다

옷이 엉망이 돼도
절대 부끄럽지 안 했다

그저
우산은 나하고

아무런 관계가
없는 거니

생각했다.

기억의 널빤지에서 녹슨 쇠못 몇 개 뽑았는데
구멍 사이로 시원한 바람이
시원하게 넘나든다.

시간과 세월에 관한 백서

나이 어서 더 들었으면 하는 유년일 땐

이리 닫고 저리 닫고
하루 이틀이라는 시간

성큼성큼
빠르기도 하더니

한 해 두 해라는 세월
더디기도 하였다.

굼벵이가 그렇게 느렸던지

나이 이제 좀 덜었으면 하는 노년에 드니

하루라는 시간
지루함에 절어

천장 그 자리에

매양 달려 있더니

한 해 두 해라는 세월
바람같이
바람에 날려가고 있다.

유년과 노년
시간과 세월

정설과 역설, 정반응과 역반응이 함께 섞여서
그래도

잘 굴러가고 있다.

성에 관한 백서

이전(以前)

정상이었고
뽐내기까지 하였다.

헌데
근황
영 아니다.

쇄아 콸콸
상쾌한 소리

시원하게 일을 본
당당하기까지 한
그 사람 뒤에서

잠시
주저하였고
민망해 하다가

>
조금
우울하였다.

가끔
"귀두와 음경 확대시술
남성회복"

신문광고 자막
날 붙잡는데

물어봐야 될 일인지.
나만의 일인지.
괜찮은 일인지.

옛날
수음한 적이 있었던가

죽음에 관한 백서

이승에서 저승으로
단순, 영원한
시간여행입니다.

문턱 너머
마당 끝
그 어딥니다.

저승으로는
일방통행

환생은 불갑니다.

누구든 가는 곳이고요
가까이 있는 곳이고요
언제든 가는 곳이고요
피할 수 없는 곳이랍니다.

통과의례일 뿐입니다.

>
이상
이하
의미부여는 무의미합니다.

제5부

헌사별곡

심전 윤도한 이사장님
평생 종으로 사신 사도 우원
포은을 받드는 사람들
영원하라 국어국문학과여
종보여
님하! 다시 오소서
지천명의 나이가 되었구나
여기 큰 바위 얼굴이

두 손 살포시 포개며, 따뜻한 혼이 가득한 청자 항아리였으면…
기도하는 마음 별빛에 모두 운다.

심전 윤도한 이사장님

-언제나 살아계실 줄 알았습니다-

1972년 7월 5일 저녁
"임자, 모교를 살려야 하지 않겠나"

우원 목사님의 눈물에서
하나님의 계시를 본
심전 선생님

절대 순종
마음에 새기셨다

○

학교 위기일 때
땅, 돈, 집

모든 거 모두
바치시고

심신 곤고하실 땐
온몸 바쳐

기도

몰아치는
토해내는
서늘한

때론
울먹이는 말씀

"나의 원대로 마옵시고 아버지의 원대로 하옵소서"

외로우실 땐
큰 스승
우원 목사님 품

그 온화한 미소 안에서
"끝까지 잠잠히 바라고 기다리는 자가 이루리라"

믿음의 눈으로 체험했다

○

이제

강남대학교
그 위대한 이름
큰 산이 되고

경천애인
그 심원한 뜻
장강되어 흐르고

신앙, 학문, 기업, 육영, 봉사
온 몸 다 하셨던
하나하나

주렁주렁
열매
노랗게 익고 있는데
>

선생님
수확의
그 큰 손
기다리고 있는데

어인 일이옵니까

청천벽력
이 부음이

가신 지
세월
벌써
1년이
○
하늘에
오르신
선생님
>

이승의 모든 짐
놓으시고
좀 천천히 걸으시면서

우원 스승과
담소도 하시면서

영생복락 누리소서

철부지 우리들
이제사

추운 벌판에서
목메게
심전 선생님!

언제나
늘 푸른 나무로
계실 줄 알았습니다.

강남대학교를 창립한 '심전 윤도한 이사장님'(1928.10.24-2004.9.2)은 학교발전을 위해 몸과 마음, 모두를 바치시고 소천하셨다.

고 심전 윤도한 이사장 1주기 추모집『청초 우거진 마음의 밭처럼』에 게재(2005.9.2)

평생 종으로 사신 사도 우원

-영원한 현재를 살다 가신 목사님의 17주기에-

1

뜻은 산같이
마음은 물처럼

우원 목사님

목회와 교육
절체절명
그의 신념이었다.

2

평양의 박구리 교회, 용정의 감리교회, 북간도의 구사평 교회, 용정의 두도구 교회, 예수교회, 선돌감리교회

성령은
어디서나
늘
불이었다.

>
예수를 잃어버린 교회가 아닌
수만 자랑하는 교회가 아닌
외모에 지나친 교회가 아닌

오직
주님의 뜻대로였다.

한 사람이라도
영혼을
아끼고 걱정하시는

3
중앙신학원, 중앙신학교, 강남사회복지학교
강남대학, 강남대학교

YMCA 4층 빈 창고, 그 삿자리

여기
신갈에서의 대향연

경천애인은
영원한
폿대였다.

교파가 있는 신학교가 아닌
평신도를 외면하는 신학교가 아닌
자주적이지 못하는 신학교가 아닌

새 교육, 새 민족, 새 종교, 새 사람
바른 대학

언제나
제자들에게 먹일
풍족한 젖줄을 찾으시는

4

잿빛 두루마기, 하얀 고무신, 회색 중절모, 지팡이
평상 그대로

천상에 오르신
우원 할아버지

이제
가족에게, 이웃에게, 하나님께
빚쟁이 자책 놓으시고

하나님 앞에서
심전 제자와 마주앉아
담소하시면서

"임자, 그땐 그랬었지"
오순도순
영원한 오늘을 사소서!
>

지각을 뚫는
불덩이 같은
피의 설교

겸손
온화는

저희들
깊이
새기겠습니다.

가난했고, 외롭고 고달픈 길
평화와 기쁨과 감사와
우직한 어리석음도

저희들에겐
본이셨습니다.

아!

고운 미소

따뜻한 볼에
입맞춤하고 싶습니다.

아늑한 품에
안기고 싶습니다.

중앙신학교를 설립한 '우원 이호빈 목사님'(1898.5.3-1989.8.20)은 평생을 초교파운동과 평신도 신학의 확산, 정착을 위해 헌신하셨다.
『우원소식』에 게재(2006.가을호, 통권25호)

포은을 받드는 사람들

1
증권, 싸움질
잘해야

시류, 세속에
밝아야

돈, 권력
거머쥔다던데

그들은 참 이상하다.

2
부끄럼 없기
개운하고 떳떳하기

가난해도
30여 년 넘게

>
임고서원 성역화에
매달리는

그건
고집을 넘어

철학이었다.

불의, 불륜
탁류가

가슴까지
밀어오는데

말이 아닌
궁행

오늘을 사는 사람들.

3

이제
임고서원 성역화

역사의
거룩한 재현

충효, 선비정신
예학의 전당으로

기 올리고
북 울리고

4

죽어도 죽지 않는 포은

포은의 부활을 꿈꾸는
포은과 명을 같이하는

>

여기 있다.
의로운 사람들

뜻있어
참
외롭지 않은

포은을 받드는 사람들.

포은선생숭모사업회에서 펴낸 『포은선생숭모회지』에 게재(2009.2.10.)

영원하라 국어국문학과여

30년 전
너 국어국문학과

금자동이로 태어난 건
태초의 섭리

옹알이 때부터
비범이었다.

문학과 어학과 고전과
통성명 악수하더니

이내
익숙해져
한 몸이 되었고

산과 물과
햇볕에 몸 바래고 바람에 향기 날리더니
>

이어
순수와 낭만의 향기
가슴 가득 품어라

동학과 3·1운동과 4·19
역사와 미래의 심질 돋우더니

지금은
의기의 활화산

커다란
탑 준비하고 있다.

참을 줄 기다릴 줄 삭일 줄 분출할 줄
쉼표 마침표 찍을 줄

아는 너

강산이 세 번이나 변하여

30년
별빛으로 무궁할 나무, 꿈나무

여기
강남대학교 인문대학 국어국문학과여

가뭄에 타는 논
언제나
물을 대는 거룩한 파수꾼들

강남대학교 국어국문학과 개설(1980.11) 30주년에 부쳐
국어국문학과 30주년 기념 문집 『일어서는 빛』에 게재(2011.11.5.)

종보여

-창간 10 주년에 부쳐-

뜻이 하늘에 닿아
10년 전 종보(宗報)
창간

이제 20호
거목(巨木)으로

쪽마다 충효가
장마다 오상(五常)이
넘치고 흘러

명문거족의 본
예서 찾았다.

조상숭모
일가화합이

날줄이고

씨줄인 마당에서

종인(宗人)들의
맥박은
뛰고 있고

따스함이 있고
근엄함이 있는
넌

생동하는
교과서고
경전을 뛰어넘어

삶을 깨우는
사리를 밝히는

목탁이다.
>

있어 온, 있는, 있어야 할 역사가 무엇인지를

왜
샘과 골이
깊어야 하는지를

말없이 알리는
살아있는 종보는

거울이다.

손을 씻고
옷깃을 여미며

오늘도
역사를 사는 우리는

포은을 기리는 종보
제2, 제3의 포은을 기르는

>
영원할 종보를
예서 보고 있다.

영일정씨포은공파종약원의 『종보』창간 10주년에 부쳐, 『종보』 제20호에 게재
(2012.10.31.)

님하! 다시 오소서

1

소천하신 지
10 년
강산도 변한다는데

세월 가면
눈에서 멀면
잊어지고 멀어진다는데

지금도
저렇게 많은 별 중에서

큰
별 하나
우릴
내려다보고 계신다.

2

깜깜한 하늘에

빛나는
소망의 빛 님하!

생전엔 한 몸이시더니
가신 후엔
모두가
당신의 모습입니다.

지금도 눈감으면
새록새록
다가서는
그 환하고 뜨겁고
우렁우렁한 일기

언제나 보이고
어디서나 들리고
어디를 가든 느껴지는 체취

3

평생
강남대학교, 강남동산에서
어린 양
먹이시고

믿음과 소망의 돌단
쌓으신

거룩한 삶
큰 발자취

님은
어둠 속에서, 혼돈 속에서

빛으로
질서로
오셨습니다.

4
고난의 잔
우릴 위해 다 마신

오직,
기도 하나로
강남동산을 일구신

온 몸으로
사랑하는 사람들을 사랑으로 사랑하신
심전 윤도한 이사장님

미망에 젖어 있는
저희들
깨우쳐 주시옵소서.

5
그리움의 갈증

영
해갈이 안 됩니다.
늘
가슴이 시립니다.

허나
선생님의 기도를 들으면서
주님의 사랑이 비가 되어 내리고 있음을 실감하면서
이렇게
안분하고 있습니다.

님을 그리는 맘
언제나 오늘입니다.

큰 별 님하!
님하 다시 오소서.

강남대학교를 창립한 심전 윤도한 이사장님의 영전에 올립니다.
심전 윤도한 송덕집 『뜨거운 삶 큰 발자취』에 게재(2014.8.30.)

지천명의 나이가 되었구나

-꿈은 이루어진다-

1955년 6월 15일
중신학보

달랑 두 장
타블로이드판이었지만

"평신도 양성
자립정신 배양
교회연합운동의 선구적 역할"이라는
창간사

역사의 증인이길
자임하면서
문을 열었다.

이제 오십 년
　　ㅇ
정론

직필에 뜻 두어

언제나 거울이고자 하였다.

고름이 터지고
살이 째지는 아픔 극복하고

일어선 너
언제나 바르게 말하였다.

역사의 소용돌이
혼탁 그 혼돈 속에서도

현혹되지 않은 너
언제나 바르게 행동하였다.

지금
장하게
오십을 맞아

>

강남학보는
교양을, 지성을, 학풍을, 문화를 깨치어

천명의 뜻을 새기고

긴 강
큰 산
불꽃이어야 하고

고독은 외로운 게
아님을
실증하고 있다.

○

우원, 심전이 혼이
강남의 맥이
어떻게 펼쳐져야 함을

등처럼 밝혀

굳건히 다져야 할 학보는

쓰러지는 풀들을
포옹할 것이고

"건학정신의 선양
교육이념의 달성
강남문화의 창달"의 사시 아래

땀 흘리며
온 몸으로 기도할 것이다.

○

중신학보, 중앙신학보, 중신학보, 강남학보
지킬 거 지키면서
230 호로 거듭나고 있다.

오늘을 오늘의 눈으로 직시하는 너
무거운 짐 지고
참

먼 길을 걸어왔다.

영원
찬란할 강남학보

네 시작은 미약하였으나
네 나중은 심히 창대하리라.

강하고 담대하라.

중신학보, 중앙신학보, 속 중신학보, 전 강남학보, 현 강남학보의 지령을 합하면 총 263호의 나이가 된다.

여기 큰 바위 얼굴이

1

61년 전
보인상고 교실 두 칸에서
창성동에서
지금은 서울의 주산
여기, 북악에서

해공에게서
사필귀정을
성곡에게서
무실역행을

강의실
교수님에게선
온고지신
학문이란 걸

분에 넘게
오늘까지

멱 감아 왔다.

2

뜻이 있어
그댄
북악에 온 게 아닌가

집착이나
배타심이나
고정의 틀 던져버리고

어질고, 바르고
그저 수더분하게
본성의 바다에
자맥질하고 싶어

3

바람이 있어

그댄
예까지 왔다.

약은 사람
돈만을 아는 사람들
좀처럼
가까이 하지 않는

학문이라는 거
학문이라는 거

미련하게
그냥 좋아서
곰처럼 왔다.

깜깜하고
힘들고
역부족을 알기는
>

얼마 후
땀에 젖은
선생님의 냄새
냄샐
알고 난 뒤부터였다.

4
보람 있어
학위로 매듭짓는
오늘

큰 바위 얼굴 되어
표표히
머리칼 날리고

맑은 눈으로
하늘을 본다.
>

언제나
서울의
주산이 될 그대

여기 북악에서
북악인이여 영원하라!

국민대학교 대학원 박사학위 수여식에서의 축시

■ 책 뒤에

거대담론 없다.
사소한 일상을 붙잡으려 늘 노력하고 있다.

살다보니,
삶이 부끄러워(제1부),
그 누구에게든 의지하고 싶었는데(제2부),
결국 어머니를 찾게 되었다(제3부).

철저히 날 해부하고 싶은 때가 있다(제4부).

제5부는 일종의 기도문이다.

근래, 왜 그런지 자꾸 주눅이 든다.
그래도 다시 몸을 개켜야지

시집 이름에 대한 논의는 무의미하다.

언제나 약속대로 시집 들고, 어머니 산소에 갈 거다.
그간 서운했던 모든 거 어머니에게 일러바쳐야지.

시시한 시
시시한 시님하

최병준 여섯 번째 시집

2016년 11월 30일 발행

지은이 최 병 준
펴낸이 김 진 수
펴낸곳 **한국문화사**
등 록 1991년 11월 9일 제2-1276호
주 소 서울특별시 성동구 광나루로 130 서울숲IT캐슬 1310호
전 화 02-464-7708
전 송 02-499-0846
이메일 hkm7708@hanmail.net
홈페이지 www.hankookmunhwasa.co.kr

책값은 뒤표지에 있습니다.

잘못된 책은 바꾸어 드립니다.

ISBN 978-89-6817-426-1 03810

이 도서의 국립중앙도서관 출판예정도서목록(CIP)은 서지정보유통지원시스템 홈페이지(http://seoji.nl.go.kr)와 국가자료공동목록시스템(http://www.nl.go.kr/kolisnet)에서 이용하실 수 있습니다.(CIP제어번호: CIP2015026248)